LA VENGANZA DE ATAHUALPA

JUAN VALERA Y ALCALÁ GALIANO

Copyright del texto © 2023 Culturea ediciones
Sitio web : http://culturea.fr
Impresión: BOD — Books on Demand (Norderstedt, Alemania)
Correo electrónico : infos@culturea.fr
ISBN :9791041935376
Depósito legal : abril 2023

PERSONAJES:
Sala en casa de DOÑA BRIANDA.

Escena I

LAURA, JUANILLA

JUANILLA. LAURA. FRANCISCO DE CUÉLLAR. RIVERA. EL PADRE. CIPRIANO. DOÑA BRIANDA. DOÑA IRENE. ESCUDERO. DON FERNANDO. GARCÉS.

No hay que reprender a los que le mataron, pues el tiempo y sus pecados los castigaron después, ca todos ellos acabaron mal. –(GÓMARA, Historia de las Indias.)

La escena pasa en un lugar de Extremadura, por los años de 1542.

JORNADA I

JUANILLA. Ya que tan poco cuidas del adorno de tu persona, deja que te coloque bien el manto. (Procura arreglársele bien.) ¡Qué flojera! ¡Si se te cae! ¿Por qué quieres ir tan desgarbada? Es un contra Dios que, siendo tan linda, no hagas valer la belleza que Dios te ha dado. ¡En toda Extremadura no hay más gallarda moza que tú! ¡Pertinaz melancolía

es la tuya! Pues no... ahora no tienes motivo. Nos faltaba dinero. Hoy nadamos en oro. Tu hermano ha traído de Indias el rescate de Atahualpa y el botín de Caxamalca, Jauja y el Cuzco. ¿Qué más quieres?

LAURA. Si yo no quiero nada.

JUANILLA.   Y luego, para que la ventura sea cumplida, no contento tu hermano con traerte tantas riquezas, te trae la fama de su nombre, el brillo de sus hazañas, y te trae, por último, lo que más anhelan las niñas de nuestra edad... un marido que ni mandado hacer de encargo... con treinta años apenas, recio, brioso, bello como Adonis, y con mucha hacienda, ganada también en ese imperio que acaba de conquistar Pizarro. No comprendo tus penas; debieras estar alegre como unas sonajas.

LAURA. Y lo estoy: ¿Por qué supones que no estoy alegre?

JUANILLA.   No lo supongo; lo veo. Tu hermano lo ve también. Y lo ve y lo lamenta el Sr. Francisco de Cuéllar, a cuyo amor no correspondes.

LAURA.   ¡Ay, Juana! Yo no puedo mandar en mi corazón. Cuéllar es digno, por mil razones, de ser amado. Su gentil apostura, su valor, la misma vehemencia del afecto que me muestra, y sobre todo, el imperio y la osadía con que su ánimo se impone y señorea a los otros, son prendas que deben avasallar y rendir el corazón de una mujer; pero el mío está muerto para los amores del mundo. Apenas ha latido y ya está fatigado. Sólo ansío el reposo. La inesperada vuelta de mi hermano, y este repentino cambio de nuestra fortuna, de adversa en próspera, no bastan a hacerme variar de resolución. Sigo en mi propósito de cuando estaba pobre y desvalida. Quiero retirarme a un convento.

JUANILLA. ¿Qué motivos hay para tomar esa resolución, cuando todo debiera sonreírte? Tú me ocultas algo. Secreto dolor contrista tu espíritu. ¿Por qué no amas a Cuéllar? ¿Amas quizá a otro hombre?

LAURA. No es menester acudir a la suposición de otro amor, ni es menester imaginar pena muy honda y misteriosa para explicar mi inclinación al claustro y mi despego de las cosas mundanales. Aunque sea yo indigna, ¿no puedo sentir la vocación?

JUANILLA. Puedes... pero ya te apartará de ella tu hermano. Tu hermano ama a Cuéllar y le debe mucho; Cuéllar te idolatra; su dicha pende de que le des un sí; y tu hermano, que anhela hacer la dicha de su amigo, te persuadirá al fin a que no le dejes desairado.

LAURA. No me hables más en eso, Juana. Me aflige y cansa el oírte. ¿Lo ves? Hasta es material   mi cansancio. Casi no puedo tenerme en pie.

(LAURA se deja caer como desfallecida en un sillón de brazos.)

JUANILLA. Descansa un momento, y prepárate a recibir al Sr. Francisco de Cuéllar. (Mirando por un balcón que hay en el fondo.) Asómate con disimulo. Ahora aparece por el extremo de la calle. Aunque no sea más que por curiosidad, asómate. Verás qué galán viene a visitarte. Fulgura sobre su frente, cual penacho de fuego, la esmeralda que trae en la gorra, y que, según dice el indio Cipriano, adornaba la cabeza de la principal o superiora de las vírgenes consagradas a ese mismo sol que en este instante ilumina la joya

con sus rayos. La cadena de oro que pende de su cuello, debe de pesar unas cuantas libras. Y el vestido ¡qué pulcro y qué lujoso!, de raso, y velludo todo él... ¡Si parece tu novio un emperador! El jubón y los gregüescos son morados, con pespuntes de oro; los puños y la gorguera de primorosas randas; las calzas ceñidas, de punto, dejan lucir la bien formada pierna; y el lindo gabán, con mangas perdidas, está aforrado de marta. Vamos, señora, no seas de cal y canto. Mírale... ¡qué airoso viene! ¡Qué barba negra tan bien peinada y lustrosa! ¡Qué bonitos rizos! Pero... ya entra en el zaguán... Ya entró. Voy a abrirle.

(Sale JUANILLA. LAURA, al verse sola, exhala un hondo suspiro y exclama):

LAURA. ¡Madre Santísima de los Dolores! ¡Jesús mío de mi alma! ¡Tened piedad de mí!

Escena II

Entra JUANILLA acompañando a FRANCISCO DE CUÉLLAR. JUANILLA se va, y deja al hidalgo con su señora.

CUÉLLAR. Vengo, hermosa Laura, a despedirme de vos para una ausencia, que espero sea corta. Vuestro hermano y yo tenemos negocios en Sevilla, y hemos convenido en que yo sea quien vaya a ponerlos en orden. Mucho me cuesta separarme de vuestro lado: os amo más cada día; pero conozco que esta separación es conveniente. Libre así del asiduo ahínco con que os visito, sirvo y pretendo, podréis meditar mejor en lo que os está bien hacer; y luego no seréis acaso tan dura conmigo.

LAURA. Creedme, Sr. Francisco de Cuéllar, yo no puedo ser dura con vos, porque no soy ingrata. Grande es la honra que me hacéis en ofrecerme vuestra mano: yo os la agradezco...

CUÉLLAR. Pero no lo aceptáis. ¿Amáis a otro, Laura?

LAURA. No, Cuéllar. Si mi alma fuese capaz de amar, os amaría.

CUÉLLAR. Las mujeres tenéis mil melindres y os forjáis mil dificultades fantásticas que los hombres no entendemos. ¿Por qué no ha de ser capaz de amar vuestra alma? Yo he oído decir que el ángel de las tinieblas es el único ser incapaz de amar. Vos, que sois lo contrario, vos, que sois un ángel de luz, antes que al desamor, debéis sentiros propensa a enamoraros. Y la gratitud, Laura, que confesáis deberme, es excelente preparación de amor. Poco os falta ya para amarme, si es que me estáis agradecida. Poned buen talante y me amaréis al cabo. ¿Calláis? ¿Nada me respondéis?

LAURA. ¿Qué he de responderos que os plazca? Sois discreto y valiente, estáis rico, volvéis de Indias cubierto de laureles; mi hermano quiere que yo sea vuestra; si yo me sintiera inclinada a amar, a nadie amaría mejor que a vos; pero ¿qué queréis? Me duele decíroslo. Os pediré perdón de rodillas si os agravio diciéndooslo. No os amo.

CUÉLLAR. Repito que amáis a otro hombre. Tenéis miedo por él, y por eso no me lo confesáis. Yo sabré quién es mi rival. Yo me vengaré de quien me roba vuestro afecto.

LAURA. Sosegaos, Cuéllar. No dudéis de mi sinceridad. No amo a criatura alguna con ese amor exclusivo. No tenéis rival de quien vengaros.

CUÉLLAR. ¿Cómo, por qué destruir entonces todas mis esperanzas, por tantos años y en medio de tantos peligros alimentadas y acariciadas? Erais muy niña, apenas erais mujer, cuando os vi por vez primera y os amé ciegamente. ¿No me recordáis de entonces? ¿Ni siquiera me recordáis?

LAURA. Sí, Cuéllar; recuerdo cuando vinisteis con mi hermano desde Salamanca. Estuvisteis aquí cuatro días y os fuisteis a Sanlúcar a embarcaros para las Indias. ¿Cómo no recordar aquellos tan amargos instantes en que mi hermano me abandonaba, quizá para siempre, yendo a través de los mares a tierras desconocidas y remotas, entre gentiles, a buscar fortuna y a hallar acaso la muerte?

CUÉLLAR. Pues bien, Laura: ya que recordáis aquellos

instantes, sabed que desde entonces os amo. Mi vida había sido hasta allí, como la de vuestro hermano, un delirio sin tregua, una bacanal espantosa. Estudiantes ambos en Salamanca, nos hicimos amigos, no para estudiar juntos, sino para ser juntos más que traviesos y bulliciosos. Fuimos el escándalo de la ciudad. La poca hacienda que ambos teníamos se consumió en deportes. No tuvieron número nuestras pendencias. La suerte siempre nos fue propicia en las armas, pero en el juego nos fue contraria. Perseguidos entonces por usureros, sin recursos y sin ganas de estudiar, nos llenamos de codicia y de férvido deseo de gloria al oír contar los descubrimientos y conquistas que andaban haciendo los españoles en las Indias de Occidente, y determinamos irnos por allá en busca de los bienes que por acá nos negaba el destino. Yo no quise despedirme de nadie. Estaba mal con mi padre, que vivía aún, y no fui a verle por mil motivos: entre ellos, a fin de que no estorbase mi atrevida determinación. Vuestro hermano, huérfano de padre y madre, quiso venir por aquí y veros antes de partir, a despedirse de su tía, Doña Brianda, a quien os dejó confiada, y a allegar algunos mezquinos recursos. Tal fue la ocasión de que nos viéramos. Vuestra vista fue una revelación para mí. El amor brotó de repente en mi alma y echó en ella profundas raíces. Yo no había tratado sino con aventureras infames, y en vos vi a la mujer que imaginan, si no logran verla, los corazones enamorados: inocente, pura, hermosa, discreta aunque tan niña...

LAURA. ¡Ah! ¡Callad por piedad, y no me atormentéis! No merezco tanta estimación de vuestra parte...

CUÉLLAR. Desde entonces, sin declaróroslo, porque no me atreví ni era aquella ocasión de declaróroslo, me consideré como vuestro Amadís y fuisteis mi Oriana. Para vos ambicionaba la nombradía; para vos codiciaba las riquezas. En las tempestades de la mar os veía cual estrella solitaria que me guiaba desde la bóveda celeste entre las rotas nubes. En la isla infernal me alimentaba vuestro recuerdo, y me daba fuerza para resistir la sed, el hambre y la inclemencia de los elementos. Por los desfiladeros horribles de la sierra, por las sendas escabrosas donde sólo la hendida pezuña del llama y el pie desnudo del indio se diría que podían sostenerse sin resbalar, iba yo tranquilo, a caballo, abrumado con el peso de mis armas, porque vos erais el ángel que me sostenía para no hundirme en el hondo precipicio. En las crestas nevadas, donde hace su nido el cóndor, donde no había árboles con que encender una hoguera, donde muchos infelices compañeros y hasta los indios que nos guiaban morían de frío, la sangre se agitaba en mis venas, porque el fuego de vuestro amor ardía en mi corazón, y por ellas se difundía. En los trances de mayor peligro, en las fatigas más rudas, después de encomendarme a Dios, a vos me encomendaba, como si fueseis mi ángel custodio o el santo de mi devoción, abogado mío en el cielo.

LAURA. (Aparte.) ¡Dios mío! ¿Por qué no arrancáis este amor del corazón de Cuéllar? Harto sabéis que no debo pagar este amor.

CUÉLLAR. Ya veis, Laura, cuánto os he amado. Pues ahora os amo más aún. Vuestro desvío irrita, enciende mi pasión. No hay obstáculo que me arredre. O he de conquistar vuestro corazón o he de morir en la demanda.

LAURA. No sé qué contestaros, señor. Vuestras palabras me lisonjean y me asustan. CUÉLLAR. Aquí viene vuestro hermano.

Escena III

Dichos, RIVERA.

RIVERA. Veo que siguen los melindres de Laura. Merecería que la olvidases y despreciases.

CUÉLLAR. No ofendas a tu hermana, Rivera. El amor no se impone. Me basta con la certidumbre que ya tengo de que ella no ama a otro. Sin más rival que Dios, el mismo Dios me ayudará con el tiempo, a conseguir su amor. Aguardaré con resignación y firmeza. Adiós, Laura. Dentro de media hora saldré para Sevilla. Pensad en mi amor, y, si por mí no me amáis, amadme por el amor que os tengo.

LAURA. Estimo tanto, noble Cuéllar, vuestra persona como vuestro amor. Mi mayor infortunio es no poder deciros, con el corazón, que os amo y que soy vuestra.

CUÉLLAR. Adiós, Laura. Adiós, Bartolomé. (CUÉLLAR va a salir.)

RIVERA. Voy a despedirte.

CUÉLLAR. No te molestes. Todo está preparado y parto enseguida. No tengo más que ponerme en traje de camino. Adiós. Te ruego que no vengas.

RIVERA. Adiós, pues. (Vase CUÉLLAR.)

Escena IV

LAURA, RIVERA.

RIVERA. Tu desdén, hermana, me tiene más disgustado cada día. Hay en la causa de que nace un misterio que quiero y temo descubrir. Pero no hablemos de esto ahora; tienes puesto el manto para salir con Juanilla. Tus ropas están en casa de Doña Irene: vete al punto allí. Como ya te dije, no quiero que permanezcas más en esta casa. Doña Irene, que es persona de toda mi confianza y de mucha autoridad, te dará albergue y te hará compañía hasta que te cases, si es que te casas. ¡Hola! ¡Juanilla!(Aparece JUANILLA.)

JUANILLA. ¡Señor! ¿Qué mandas? RIVERA. Vete con Laura. Doña Irene os espera. (A LAURA.) ¿Y tu tía? LAURA. Fue a sus devociones. En casa de Doña Irene me aguardará ya también. RIVERA. Pues anda con Dios. LAURA. Adiós, hermano. (Vanse LAURA y JUANILLA.)

Escena V

RIVERA, solo.

RIVERA. Me devoraba la impaciencia de quedar solo para recibir y hablar al Padre Antonio, que debe llegar al punto. (Pasea agitado por la estancia.) Cipriano está a la mira; le abrirá y le hará entrar. El Padre Antonio, si quiere, puede revelármelo todo. Si no quiere, le obligaré a ello. Ni el Padre ni nadie se ha de burlar de mí. Un compañero del marqués Pizarro debe inspirar respeto, debe infundir terror. Me sobra derecho: tengo motivo justo... Ya llega el fraile... Siento sus pasos en el corredor. Calma. Serenémonos.

Escena VI

RIVERA, EL PADRE ANTONIO.

EL PADRE. ¡Ave María Purísima! La santa paz de Dios sea en esta casa. ¿Qué me quieres, hijo?

RIVERA. Antes de todo, besar la mano de vuestra reverencia, por quien es y por la merced y la honra que me hace en venir a verme, cediendo a mi súplica.

(RIVERA besa la mano al fraile y ambos se sientan en sendos sillones.) EL PADRE. Di lo que gustes. RIVERA. Sé que mi hermana es vuestra hija de confesión. EL PADRE. Desde hace tres años.

RIVERA. ¿Quereisla bien?

EL PADRE. ¿Cómo no quererla? Sus excelentes prendas le granjean estimación y cariño.

RIVERA. Conoceréis sus pensamientos y su vida.

EL PADRE. Su alma es un libro abierto para mí. Los ojos de mi espíritu penetran en el fondo de su corazón, como si fuera su pecho de cristal limpio y claro.

RIVERA. Ya que tan bien la conocéis, ¿podréis declararme por qué repugna casarse con el hombre que he elegido para ella?

EL PADRE. ¿Qué necesidad tienes de que yo lo declare? Sabido es que tu hermana desea tomar el velo.

RIVERA. Y vos ¿cómo no le aconsejáis que me obedezca?

EL PADRE. Porque no debo contrariar su vocación; porque no puedo apartarla del camino por donde Dios la lleva.

RIVERA. Bien está, Padre. Pero yo tengo una duda. ¿La vocación es espontánea o motivada por algún suceso infausto? Sacadme de esta duda.

EL PADRE. No puedo.

RIVERA. Voto a una legión de demonios. ¿Pretendéis probar mi paciencia? Sacadme de esta duda.

EL PADRE. Bartolomé de Rivera, tú no estás en tu juicio.

RIVERA. ¿Qué pretendéis significar?

EL PADRE. Nada pretendo significar; afirmo que te olvidas de quien soy, y que me faltas al respeto. Si hubiese alguna razón oculta, algo de misterioso en el motivo de la vocación de tu hermana, y si yo conociese esa razón y ese motivo, sería bajo el sigilo del Santo Sacramento. ¿Cómo había yo de romper el sigilo para satisfacer tu sacrílega curiosidad? ¿Por quién me tomas?

RIVERA. ¿Y por quién me tomáis vos a mí? No me conocéis. No lo extraño. Me fui de aquí muy mozo. Si me conocierais, sabríais que soy tenaz. Estábamos en una peña estéril, rodeada de mar desconocido, sin esperanza apenas de que llegasen gentes de refresco con barcos, víveres y armas para proseguir una empresa que parecía locura; estábamos ya postrados de fatiga, sed y hambre, cuando vino Tafur el cordobés a llevarnos a Panamá por orden del gobernador. Los más cedían y se iban con Tafur. Pizarro, entonces, con notable aliento, desenvainó su puñal e hizo con él en la arena una raya que iba de Poniente a Levante: «Quien quiera volver a Panamá a ser pobre, dijo, que no pase esta raya; y quien quiera ir al Perú a ser rico, que la pase y me siga. Escoja el que fuere buen castellano lo que mejor le estuviere.» Así habló y pasó la raya. Le seguimos trece, y yo fui uno de ellos. Desde entonces nos apellidan los   trece de la fama. ¿Y sabéis por qué? Porque viéndonos cercados de los mayores trabajos que pudo el mundo ofrecer a hombres, y más para esperar la muerte que las riquezas que se nos prometían, todo lo pospusimos a la honra. Considerad, pues, si yo cejaré en casos de honra, cuando hice allí lo que hice. Siete meses aguardamos en aquel infierno con la vaga esperanza de que viniese un barco que nos llevara a descubrir un imperio tal vez soñado. ¡Qué no haré yo ahora por descubrir algo que me importa no menos que el imperio!

EL PADRE. No veo, hijo, los trabajos que ahora tienes que pasar, ni mucho menos los peligros que tienes que arrostrar. Permite que no vea tampoco ni amenazas ni desacato impío en tu razonamiento.

RIVERA. Dejémonos de rodeos y de equívocos, Padre. No es mi intención ofenderos; pero hay una causa oculta de la resistencia de mi hermana a casarse con Cuéllar. Tengo indicios de que la hay. Decídmela, pues. El ser yo cabeza de familia me da derecho a ello.

EL PADRE. Me asombra tu ignorancia. Ni el Rey puede obligar al sacerdote a que revele un secreto de confesión, aunque de él penda la salud de la República. Cabeza de familia y Emperador era Wenceslao, y el santo mártir Juan Nepomuceno sufrió la muerte antes que declarar lo que le había confiado la Emperatriz. Su lengua, que supo callarse, se conserva aún en Praga, incorrupta y esparciendo suave fragancia.

RIVERA. No temáis...

EL PADRE. Nada temo.

RIVERA. No temáis, digo, que imite yo al Emperador, y haga experimento cruel de la no corrupción de vuestra lengua. No cedáis por miedo ruin; pero ced a la prudente consideración de evitar males mayores. Sin acudir a vos, tengo medios de averiguarlo todo, exponiéndome a ser tremendo y hasta feroz con alguna persona. Evitad que lo sea.

EL PADRE. Dios lo evitará, si conviene. Yo no debo faltar a mi obligación para evitar que tú faltes a la tuya: yo no debo pecar, para que tú no peques. Deber mío, no obstante, es darte sanos consejos y apartarte de toda airada determinación, y más aún si no tienes fundamento para tomarla. Tu hermana quiere retirarse del siglo. ¿Qué mal hay en esto? ¿Por qué no ha de ser espontánea su vocación? Y cuando no lo sea, cuando haya algún oculto motivo, ¿ha de ser malo el motivo que a tan buen fin conduce?

RIVERA. Padre Antonio, inútil es ya el disimulo. Yo sospecho algo de la condición infame de ese motivo, y tengo que poner en claro mi sospecha. Juanilla, que se ha criado con mi hermana, es tan picotera como simple. En los cinco días que hace que llegué a este lugar, he hablado con ella varias veces y he procurado averiguar la vida que Laura y mi tía Doña Brianda han hecho durante mi larga ausencia.

EL PADRE. ¿Y qué has averiguado por Juanilla?

RIVERA. Poco para lo que me importa; demasiado para que mis recelos se confirmen. En estos tres últimos años sé que esta casa ha sido como un monasterio. Mi tía y mi hermana no han salido sino para ir a la iglesia. Aquí sólo vos habéis entrado.

EL PADRE. ¿Y antes de los tres últimos años?

RIVERA. Antes ha pasado siempre o casi siempre lo mismo. Oíd, no obstante, cómo mis sospechas han ido confirmándose. Mi hermana acaba de cumplir diez y nueve años. Tenía catorce cuando yo la dejé y me fui a las Indias. Hace tres, poco antes de que empezase a confesarse con vos, estaba mi hermana entre los quince y los diez y seis. Hasta entonces gozó de buena salud y de excelente y muy alegre humor. Sus mejillas parecían rosas; sus labios claveles. Laura brincaba como un cervatillo y cantaba como un jilguero. Hoy ni brinca, ni canta, ni da señal de regocijo. Hoy gime, suspira y desfallece. Está hermosa, pero la encendida color de sus mejillas ha desaparecido. Su palidez, sus ojeras y su melancolía la hacen acaso más interesante: ponen algo de extraño y misterioso en su hermosura; pero me dan mucho en qué pensar. De los mil pormenores que inocentemente me ha descubierto Juanilla, resulta que esta mudanza de Laura empezó poco antes de que ella fuese vuestra hija de confesión. ¿Qué sucedió, pues, poco antes? Claro está que yo, como quien une pedacillos de papel para leer un escrito que se ha roto, he ido enlazando y uniendo lo que me ha dicho Juanilla en varias ocasiones. Por ella sé también que, hace más de tres años, entró varias veces en esta casa un hombre que no erais vos. Entró con tanto recato, que nadie de fuera logró verle. Juanilla misma no le vio jamás la cara. ¿Quién era este hombre? ¿A qué venía? ¿Por qué no ha vuelto? Doña

Brianda no es vieja ni fea. Ahora apenas tiene cuarenta años. El hombre pudo venir por ella; pero tengo mis razones para dudar de que por ella viniese.

EL PADRE. ¿Por quién crees que vino? RIVERA. Por mi hermana. Doña Brianda habrá de confesármelo todo.

EL PADRE. No bastan esas apariencias engañosas. No te precipites a algún acto violento.

RIVERA. No me precipito. Voy con pies de plomo. He continuado en mis pesquisas, y algo más he descubierto. He forzado la cerradura del arca de mi tía; he registrado toda el arca, y en el fondo, en otra arquilla pequeña que he abierto asimismo con violencia, si bien no he hallado escrito alguno, he hallado una bolsa llena de monedas de oro y varios dijes de valor. ¿De dónde proviene esto? Mi tía estaba en la mayor pobreza. ¿Cómo lo ha ganado? Vos lo sabéis todo. Decídmelo y evitaréis acaso una explicación penosísima. A fin de quedarme solo y libre; a fin de que nadie más que yo se entere de lo que deseo enterarme, y sea testigo, quien sabe si de mi deshonra, he excitado a Cuéllar a que vaya a Sevilla a terminar nuestros negocios, y he enviado a Laura con Juanilla en casa de Doña Irene. Aquí sólo quedamos el indio Cipriano y yo. Mi tía volverá pronto, y entonces yo me entenderé con ella en esta soledad.

EL PADRE. ¿Pretendes acaso atormentar a tu tía? RIVERA. ¿Por qué no, si lo merece? EL PADRE. No lo consentiré jamás.

RIVERA. ¿Qué medio tenéis para oponeros? ¿Con qué razón os opondréis? En casos de honra no hay tribunal que valga. Es necesario que el mismo agraviado descubra el delito y le castigue. Vos, que sois tan sigiloso para lo que en confesión os dicen, no seréis mi delator, infamándome y descubriendo mi propósito. En esta confianza, aunque pudiera deteneros y aun encerraros, os dejaré ir libre. (Suenan dos aldabonazos a la puerta.) Ahí está ya Doña Brianda. (Prestando oído a los pasos, que se supone que oye en el corredor.) Mi tía se va derecha a su cuarto. Padre, podéis iros. Cuenta con lo que hacéis. Si me delatáis, si enviáis a alguien en socorro de Doña Brianda, estoy determinado a todo; no temo ni a la horca; mato a Doña Brianda a puñaladas. ¡Cipriano! (Aparece el indio.)

CIPRIANO. ¡Señor!

RIVERA. Acompaña al Padre Antonio hasta la puerta de la calle, Adiós, Padre Antonio. (Vase RIVERA.)

Escena VII

EL PADRE ANTONIO, CIPRIANO.

EL PADRE. (Aparte.)No debo irme. Sólo quedándome puedo evitar una gran desgracia, aunque sea exponiéndome a morir a manos de este energúmeno. (Al indio con firmeza.) Me quedo aquí.

CIPRIANO. El amo manda que se vaya vuestra reverencia. Fuerza es obedecerle. EL PADRE. ¿Y por qué le obedeces?

CIPRIANO. Por temor y por cariño.

EL PADRE. Temor... no le tengas. Aquí no estamos en el Perú, donde era omnipotente tu amo. Cariño... la mayor prueba que de tu cariño puedes darle, es dejarme aquí y callar. Quedándome, salvaré a tu amo.

CIPRIANO. Padre, yo no puedo entrar en estas honduras. Sólo me toca obedecer. Venid, salid de casa.

EL PADRE. Te digo que no saldré. ¿Eres cristiano?

CIPRIANO. Sí, Padre, a Dios gracias.

EL PADRE. Respeta, pues, en mí a un ministro del Altísimo. Dios me manda que aquí me quede. Concurre a que se cumplan sus designios inescrutables. Cállate y déjame tranquilo. Si por obedecer a tu amo me desobedeces y desobedeces a Dios, caerá sobre tu cabeza la maldición del cielo.

CIPRIANO. ¿Qué decís? ¡Jesús mío! EL PADRE. Lo que oyes: la maldición del cielo.

CIPRIANO. ¡Qué horror!...   (Volviendo de su asombro.) Vete, señor. Tiemblo por ti y por mí. Mi amo va a volver.

EL PADRE. Sal tú. Yo me ocultaré en aquella estancia. Desde allí estaré a la mira. (Se oye dentro ruido.)

DOÑA BRIANDA. (Desde dentro y lejos aún.) ¡Déjame en paz! ¿Te has vuelto loco? (EL PADRE se oculta.)

CIPRIANO. ¡Qué apuro! Si callo soy infiel a mi amo. Si delato al Padre, ¿qué hará de él este terrible amo mío? Además, Dios me castigaría. El Padre parece un santo. Sin duda se esconde por nuestro bien. (Vase CIPRIANO.)

Escena VIII

RIVERA, DOÑA BRIANDA.

Aparece DOÑA BRIANDA huyendo de RIVERA y como buscando medio de irse a la calle. RIVERA le ataja el paso, cierra la puerta que da a lo exterior de la casa y guarda la llave. Cierra igualmente los vidrios del balcón.

DOÑA BRIANDA. Déjame en paz, Bartolomé. Tus sospechas son tan absurdas como ofensivas.

RIVERA. Ya es inútil que corras. Ya no puedes irte. Cerré la puerta de tu cuarto que da al corredor. Ahora he cerrado esta otra. He cerrado el balcón para que no te oigan si gritas. Resígnate y dame cuenta de todo.

DOÑA BRIANDA. Bartolomé, tú deliras. Me pones miedo. Gritaré y me oirán.

RIVERA. De sobra me conoces. Ya sabes que no entiendo de burlas. Estoy determinado. Si gritas, te ahogo. Calma, pues. Vamos... siéntate.

(Agarra de un brazo a DOÑA BRIANDA y la hace sentarse.)

DOÑA BRIANDA. Eres el mismo de siempre. Tan cruel, más cruel que hace años. Pero entonces eras infeliz. Tenían disculpa tu mal humor y tu violencia. Hoy no la tienen. Entonces... ¿te acuerdas?... acudías a mí en casos desesperados... perseguido por tus acreedores... yo te daba cuanto tenía. Por ti vendí las finquillas que me dejó mi difunto marido.Por ti y para ti desaparecieron las alhajas que autorizaban mi estrado: brasero de plata con tarima de ébano incrustado de marfil, alcatifas de Levante, tapices flamencos, escaparates y escritorcillos, sillones de vaqueta de Moscovia y almohadas de Damasco. Mis dijes fueron empeñados, y al cabo vendidos para acudir a tus compromisos. Pero, ¿qué mucho? ¿No te llevaste en ocasiones hasta lo que hilaba yo en la rueca y lo que afanaba en la almohadilla? Hoy estoy pobre y tú muy rico. Nada puedo darte ya. ¿Por qué me amenazas? ¿Por qué me intimidas?

RIVERA. Porque no es verdad lo que dices; porque no estás pobre. He registrado tu arca. Mira lo que he encontrado... (Mostrándole los objetos.) Esta bolsa llena de oro; estas ricas joyas... ¿De dónde ha venido todo esto?

DOÑA BRIANDA. ¿Estás celoso, mi bien? Si estás celoso, mayor es la dulzura con que tus celos me lisonjean que el temor que me causa tu ira. Mi bien, yo no te he faltado.

RIVERA. Fuego del cielo te confunda. Con razón lo sospechaba. ¿Qué oficio abominable hiciste entonces para satisfacer tu codicia? No seas necia. Yo no tengo celos.

Yo no te amo. Yo me avergüenzo de haberte amado. Te pagaré con usura lo que gastaste por culpa mía. Otra causa me mueve a averiguar de dónde han venido estas riquezas. Confiesa tu maldad. ¿De dónde han venido?

DOÑA BRIANDA. El furor te ciega. Bartolomé, escúchame con reposo.

RIVERA. Me presto a escucharte con paciencia que raye en lo inverosímil, aunque preveo que vas a mentir. Di lo que quieras.

DOÑA BRIANDA. No tengas de mí tan mala opinión: tú mismo te agravias teniéndola. Considera, Bartolomé, que esa opinión mala la debías tener ya cuando te fuiste a Indias. Y si la tenías, ¿por qué dejaste a tu hermana en mi poder? ¿Qué caso hacías entonces de tu honra cuando la dejabas a la merced de quien tan vil concepto te debe? No: yo no soy tan perversa como imaginas. He sido culpada, débil contigo; pero amarte fue mi pecado: tú, menos que nadie, debieras acusarme. Yo te perdono el mal que me has hecho con tus durísimas palabras. Perdóname tú el engaño que te hice, ocultándote, cuando te fuistes a Indias, que aún me quedaba ese pequeño tesoro. Por no vivir en la miseria te le oculté. Te dije que ya te había dado cuanto tenía, y aún guardaba eso que hoy has descubierto y bastante más con que hemos vivido. Dime tú, imprevisor, loco: ¿cómo hubiéramos vivido tu hermana y yo, si no tengo el tino y la precaución de engañarte?

RIVERA. ¿Cómo hubierais vivido? Como vive toda mujer honrada y pobre: con el trabajo de vuestras manos. Debió, además, alentaros la esperanza de verme volver rico, ilustre, glorioso, como al fin he vuelto. Pero vosotras no tuvisteis ni esperanza ni fe.

DOÑA BRIANDA. Considera que no pocas veces te lloramos por muerto; que no recibíamos cartas ni noticias tuyas. Ciego de ambición, luchando a brazo partido con la fortuna, sin duda te olvidaste de mí y de tu hermana, y no nos escribías; tal vez no tenías medios de escribirnos.

RIVERA. No los he tenido casi nunca. Y, además, ¿para qué escribiros? ¿Hubieran sido mis cartas cual benéfico talismán, que te hubiera impedido ser mala? Tus embustes groseros no me deslumbran. Veo ya claro el abismo en que ha caído mi honra. No sufro más disculpas vanas. Dime el nombre del seductor. Pronto, o mueres. (Amenaza darle muerte con la daga desnuda.)

DOÑA BRIANDA. Mátame... Yo no puedo suponer lo que no es.

RIVERA. (Aparte.) Es tan terca, que se dejará matar, y no descubriré nada. Apelaré a la astucia. (A DOÑA BRIANDA.) En balde finges..., en balde te callas... Aunque no lo confieses..., tengo pleno convencimiento de tu delito. Laura me lo ha confesado todo.

DOÑA BRIANDA. Laura soñaba... Laura no ha podido

mentir... Tú eres quien inventa todo eso   pensando que así confesaré. No..., no está mal ideado el ardid. Si yo fuese culpada, ya me hubieras hecho caer en el lazo. Gracias a Dios..., no lo soy.

RIVERA. Lo que tú eres es la astucia..., la impudencia en persona; pero no te valdrá. No tendré compasión contigo. Te haré dar tormento para que confieses. (Se dirige a la puerta que da a lo exterior de la casa; la abre con la llave y llama.) ¡Cipriano! (Aparece el indio.)

CIPRIANO. Señor, ¿qué ordenas?

RIVERA. (Aparte.) ¡Qué vergüenza! ¿Qué voy a hacer, Dios mío? (A CIPRIANO.) Nada. Aguarda ahí mis órdenes. (Cierra la puerta otra vez, aunque no con llave. Luego, en voz baja, para que no le oiga el indio.) (A DOÑA BRIANDA.) No seas terca. ¡Evita un escándalo! Mira que estoy decidido a todo. Sálvame y sálvate. Ese indio es más que un esclavo: es un mero instrumento mío. No me obligues a que le mande que haga contigo el oficio de verdugo. Ten piedad de ti y de mí. Confiesa.

DOÑA BRIANDA. Mátame, descuartízame, atorméntame. Nunca me declararé culpada... No..., no lo soy.

RIVERA. Lo eres, Brianda, lo eres; pero yo te perdonaré con tal de que confieses y me des el nombre del seductor, a fin de vengar el agravio. ¿Quieres que jure? Juraré... Juro por lo más sagrado que te perdono. Confiesa ahora.

DOÑA BRIANDA. Te compadezco, pobre Bartolomé. ¿Que pesadilla es la tuya? Si no hay delito, bien mío, ¿cómo quieres que le confiese?

RIVERA. (Meditando entre sí.) ¿Tendrá razón, cielos santos? ¿Será una pesadilla la mía? ¿Por qué no ha de ser posible que la vocación de Laura sea espontánea? Pero..., ¿y el hombre que entraba aquí de oculto? ¿Y este dinero? ¿Y estas joyas?

DOÑA BRIANDA.   (Advirtiendo que RIVERA duda y vacila.) ¿Lo ves? Los santos del cielo te inspiran ideas mejores. Lo recapacitas y te convences de que tu diabólico ensueño no tiene ser real.

RIVERA. Escucha, Brianda. La agitación de mi espíritu no puede durar. Necesito salir hoy mismo de la duda en que estoy. Me repugnaba interrogar a mi hermana, y tú me obligas a ello. Si conviene la traeré a careo contigo. Mira que soy firme y no cejo. Aún no he agotado mis recursos de averiguarlo todo. Sólo una franca y humilde confesión puede salvarte. Medítalo bien. Te dejaré a solas con tu conciencia. Te doy dos horas de término. Hasta muy pronto.

(RIVERA toma su sombrero y va a salir. Al abrir la puerta aparece CIPRIANO.)

RIVERA. (Al indio.) Ten cuidado con esa mujer, vigílala... y no consientas que salga de casa. Me respondes con tu vida. (Vase RIVERA.)

Escena IX

DOÑA BRIANDA, EL PADRE ANTONIO.

DOÑA BRIANDA. ¡Gracias por esta tregua, Dios mío! (Viendo al PADRE, que aparece.) ¿Vos aquí?

EL PADRE. Me había ocultado para ampararte, si hubiera sido indispensable. Todo lo he oído. Te conocía, pero no te juzgaba tan mala. En vez de ser tu defensor y tu escudo, he estado a punto de salir a acusarte. Duras entrañas tienes. Rivera te prometía con juramento su perdón con tal de que confesaras. ¿Por qué no has confesado?

DOÑA BRIANDA. ¿Y qué había yo de confesar, Padre

Antonio?

EL PADRE. ¿Intentas proseguir conmigo en tus embustes?

DOÑA BRIANDA. Además, Padre, ¿quién fía en juramentos ni en promesas de éstos que vuelven de Indias? Avezados a tratar con gentiles, a prometer y no cumplir, tal vez se figuren que también somos indios y no cristianos, y no cumplan lo que prometen. Prometida tuvo la libertad el inca Atahualpa, comprándola con casi todo el oro que poseía: entregó el oro, y en vez de cumplirle la promesa, le guardaron cautivo y le dieron afrentosa muerte.

EL PADRE. El inca fue juzgado y sentenciado. Los jueces darán cuenta a Dios de la sentencia. No te entrometas en censurar a los otros. Piensa en ti misma. Mira que todo se descubre. Confiesa tu culpa a Rivera en cuanto vuelva a interrogarte.

DOÑA BRIANDA. Aunque sois duro y acerbo conmigo, quiero ser con vos franca y leal. Demos por supuesto que yo soy culpada. ¿Qué ventaja sacará Rivera de que yo le confiese mi culpa? Vos, que sois sacerdote de un Dios de paz, ¿queréis que Rivera lave con sangre su agravio?

EL PADRE. No; pero quiero que tenga la debida reparación.

DOÑA BRIANDA. Esa reparación es imposible. Si no fuera imposible, sería funesta. EL PADRE. ¿Por qué es imposible?

DOÑA BRIANDA. ¿Sabéis vos quién fue el seductor? EL PADRE. No. DOÑA BRIANDA. Laura lo ignora. Si lo supiese, os lo hubiera revelado.

EL PADRE. Laura no sabe su nombre; pero le reconocería al punto si le viese. DOÑA BRIANDA. Jamás le volverá a ver.

EL PADRE. ¿No dirás tú quién es? DOÑA BRIANDA. Nunca, Padre; no me preguntéis más: no puedo responderos.

EL PADRE. Tú misma me has dado pie para hacerte otra

pregunta.

DOÑA BRIANDA. Hacedla, si es sobre otro punto.

EL PADRE. ¿Por qué sería funesta la reparación, dado que fuese posible?

DOÑA BRIANDA. Por varias razones. Convendréis en que Laura tendría que dar mano de esposa a su seductor.

EL PADRE. Es evidente. DOÑA BRIANDA. Sería, pues, la esposa de un hombre a quien aborrece. EL PADRE. Ya le amaría.

DOÑA BRIANDA. Además, aun suponiendo que Bartolomé de Rivera fuese tan pacífico, tan manso y tan fácil de contentar que se aquietase con ese casamiento forzoso, y aun suponiendo que el seductor se aviniese al casamiento, ¿creéis vos que todo terminaría así dichosamente?

EL PADRE. ¿Y por qué no?

DOÑA BRIANDA. No terminaría dichosamente porque Francisco de Cuéllar es un hombre de hierro; porque adora a Laura; porque no sufre rivales; porque aun ahora que imagina que Laura va a ser de Dios, quiere disputársela a Dios; porque Laura es el sueño de Cuéllar desde hace años, y Cuéllar no consentiría que su sueño se desvaneciese, Cuéllar es más feroz, más cruel, más violento que Rivera. Cuéllar, al ver sus esperanzas frustradas, nos mataría a todos.

EL PADRE. Más te valdría, desventurada mujer, que en vez de tener tanto miedo a Cuéllar, tuvieses ahora y hubieses tenido siempre el santo temor de Dios.

DOÑA BRIANDA. No me insultéis vos también.

EL PADRE. Yo no te insulto, pero necesito decir la verdad. Veo que la voz de la verdad no penetra en tu alma, y me retiro. Queda con Dios, y que Él te ilumine. (Vase.)

ESCENA X

DOÑA BRIANDA, sola.

DOÑA BRIANDA. ¡Ay, Jesús mío! ¡Qué hombres! ¡Vaya si son difíciles y peligrosos! Bartolomé era mi cómplice. Se aprovechó de que soy débil y pecadora para arruinarme y perderme. Perdido él entonces, holgazán y lleno de vicios, no acordándose para nada de su honra, me dejó abandonada a su hermana. Hoy, que vuelve rico, merced a sus robos y atrocidades, quiere ser honrado también. Hoy me pide cuenta del tesoro que me confió. Si hubiera vuelto pobre, como yo me temía, hubiera vuelto, según su costumbre, a pedirme dinero con amenazas y malos tratos. Como vuelve rico, a fin de que los malos tratos y las amenazas no acaben nunca, me pide honra... Y a pesar de todo... ¿seré necia? Le quiero todavía. Confieso, no obstante, que para sacudir este yugo, para librarme de este maldito amor... siento a veces tentaciones de dar jicarazo a Rivera. ¡Ay! ¡Ay! ¡Qué desdichada soy! ¡Ay! ¡Ay!

(Llora y se arroja en un sillón, ocultando el rostro con las manos).

JORNADA II
Rico estrado en casa de DOÑA IRENE.

Escena I

DOÑA IRENE, LAURA.

DOÑA IRENE, vestida de negro, con toca de lana blanca en la cabeza, aparece sentada en un sillón, junto a un bufete con recado de escribir. DOÑA IRENE es una dama de más de sesenta años, muy venerable. Su traje, aunque sencillo, ha de ser señoril y severo. En vez de joyas, penden de su cuello devotas medallas, relicarios y cruces. Un rosario de gruesas cuentas debe ir ceñido a su brazo. LAURA, destocada está de pie.

DOÑA IRENE. Ven acá, hija mía. Ven a mi lado sin zozobra. Siéntate; tenemos que hablar.

LAURA. Mandad, señora. (Se sienta.)

DOÑA IRENE. Previo tu consentimiento, y con fines que no puedo explicarte, el Padre Antonio me confió, tiempo ha, como sabes, la causa de tus penas. No te sonrojes, pues, si te hablo de esa causa. No me movió a saberla, ni ahora me mueve a consultar tu corazón, una curiosidad frívola. Me mueven intereses muy altos y tu propia ventura.

LAURA. Así lo creo. Preguntad lo que gustéis. Me avergüenzo de mis culpas, no de que tengáis conocimiento de ellas.

DOÑA IRENE. ¿Sabes el nombre de la persona?... LAURA. Lo ignoro. Yo le llamaba con nombre que después supe que era fingido. DOÑA IRENE. Sin duda le amabas entonces.

LAURA. ¡Ah, señora! Mi alma iba extraviada en la obscura noche de su ignorancia. Él me deslumbró, me fascinó, me atrajo como dicen que atraen los abismos. ¿Por qué me preguntáis si le amaba? El atractivo diabólico no merece nombre de amor. ¿Ama el pajarillo a la serpiente? Caí sin comprender la gravedad de mi culpa. Sobrado tarde la conciencia se despertó en mí... terrible aunque confusa. Me pesaba mi maldad. Acudí al confesonario. El Padre Antonio, al descubrirme toda la belleza de la virtud, me dejó ver la fealdad del vicio; al pintarme la inmaculada inocencia, me hizo patente mi desconocimiento del bien. Con mano firme arrancó la venda que cubría mis ojos. Y yo, al oírle hablar del amor santo, advertí al punto con qué perverso simulacro de amor había sido contaminada.

DOÑA IRENE. Conozco tu vida ejemplar, tu ruda penitencia desde entonces. Dios te ha perdonado.

LAURA. Dios es infinitamente misericordioso; pero el mundo no puede perdonar. Yo, además, ni debo declararme culpada y pedirle perdón, porque la honra está de por medio, ni mucho menos debo engañar al mundo. Quiero, pues, huir de él; encerrarme en el claustro.

DOÑA IRENE. Digna de quien tiene corazón generoso y rostro vergonzoso es la determinación que tomas. Pero dime, hija mía, fuesen los que fuesen los sentimientos que el hombre desconocido te inspiró, durante tu desvarío, ¿en qué se trocaron, luego que comprendistes la magnitud de tu culpa?

LAURA. Confieso que empecé a odiarle; pero el Padre Antonio extirpó el odio de mis entrañas.

DOÑA IRENE. Aquel bienaventurado siervo de Dios fue como labrador cuidadoso que arranca la mala hierba del campo que ha sembrado, a fin de que nazca y prospere la buena semilla... ¿Qué sientes ahora por el hombre que te hizo caer en el precipicio?

LAURA. Terror... repugnancia... odio no... le compadecería, si mi propia desventura no agotase toda mi compasión.

DOÑA IRENE. ¿Jamás has vuelto a verle?

LAURA. Jamás. Su vida era un misterio. No se recataba ni se ocultaba por mí, sino por todos. Desapareció como vino, sin dejar huella de sí.

DOÑA IRENE. La desgraciada mujer a quien tan torpemente te dejó tu hermano encomendada, y de cuya condición no podía aguardarse otra cosa que lo que hizo, ¿crees tú que tenía más noticia de quién era ese hombre?

¿Sabía de dónde vino? ¿Sabía a dónde se fue?

LAURA. Lo más duro de mi penitencia ha consistido en seguir viviendo con Doña Brianda a fin de evitar el escándalo. Con ella me dejó mi hermano, y con ella debió hallarme a su vuelta; pero ambas hemos evitado toda conversación sobre el desconocido. ¿Cómo he de saber yo las noticias que tendrá ella acerca de ese hombre?

DOÑA IRENE. Y él, cuando se fue, ¿nada te dijo?

LAURA. Me dijo que una imperiosa necesidad le obligaba a ausentarse; que se iba muy lejos, quizá para nunca volver.

Escena II

Dichos, EL PADRE ANTONIO.

EL PADRE. No extrañéis, mi señora Doña Irene, que entre aquí sin anunciarme y tan precipitadamente. Laura tiene entereza para oír y sufrir lo que me urge deciros. Nadie sabe nuestro secreto, salvo Doña Brianda y el seductor misterioso; pero Rivera, al ver la resistencia de su hermana a casarse con Cuéllar, por mil indicios que ha ido recogiendo, y tal vez por el grito de su misma conciencia, que le acusa de haber dejado a Laura en poder de Doña Brianda, lo sospecha todo; anhela averiguar el nombre del seductor, a fin de vengarse; está furioso; ha querido, hasta con amenazas, que yo le revele lo que esta infeliz me ha confiado en el tribunal de la Penitencia; y ha estado más violento aún con su pecadora tía. Nada, hasta el momento presente, ha podido averiguar. Dos horas de término ha dado a Doña Brianda para que confiese. Doña Brianda no confesará. Y Rivera, que repugna interrogar y amenazar a su hermana, al cabo vendrá a llevársela para interrogarla, amenazarla y quizá castigarla.

LAURA. Hágase la voluntad de Dios.

DOÑA IRENE. No, hija mía. Esa no será su voluntad soberana. Yo no te dejaré ir: yo me interpondré entre la cólera de tu hermano y tu desventura. Rivera respetará mis canas y no osará atropellarme. (Entra un ESCUDERO.)

ESCUDERO. (A DOÑA IRENE.) El Sr. Bartolomé de Rivera pide licencia para hablaros.

DOÑA IRENE. (Al PADRE.) Idos con Laura. (A LAURA.) Retírate, hija, y ten confianza en Dios y en mí. (Al ESCUDERO.) Decid a ese hidalgo que entre. (Vanse LAURA, EL PADRE y el ESCUDERO.)

Escena III

DOÑA IRENE, RIVERA. RIVERA. Perdonad, señora; vengo por mi hermana.

DOÑA IRENE. ¿Qué mudanza es ésta? Apenas ha tomado Laura posesión de mi casa, y ya queréis llevárosla.

RIVERA. Me importa hacerlo.

DOÑA IRENE. Bien sé yo por qué.

RIVERA. ¿Cómo lo sabéis? ¿Qué es lo que sabéis?

DOÑA IRENE. Ya no es tiempo de disimular. Lo sé todo por Laura misma.

RIVERA. ¡Así despedaza mi honra! ¡Así publica mi infamia!

DOÑA IRENE. Reportaos, señor de Rivera. Sólo su confesor y yo sabemos el secreto de Laura.

RIVERA. Reveladme el indigno secreto. ¿Es Laura culpada?

DOÑA IRENE. Laura ha expiado su culpa. Dios la perdonó ya. Perdonadla vos también y dejadla que siga su vocación y que se retire a un convento

RIVERA. ¡Ira de Dios, señora! Eso es imposible. Cuéllar ama a mi hermana. Yo, creyéndola digna de este amor, le he alimentado con esperanzas y promesas en el alma de mi amigo. ¿Cómo no cumplírselas hoy? ¿Qué pretexto le daré si no le confío mi afrenta? ¿Y cómo confiársela sin saber antes el nombre del seductor, y buscarle y matarle? Decidme quién es; decidme dónde está, para que yo le busque y le mate.

DOÑA IRENE. El seductor se envuelve en misterio profundo. Ni vuestra hermana, ni el Padre Antonio, ni tal vez Doña Brianda, saben quién es.

RIVERA. Aunque se esconda en el centro de la tierra, he de sacarle de allí para que me pague con su sangre.

DOÑA IRENE. Y si os pagase con una reparación, ¿la aceptaríais?

RIVERA. Toda reparación es ya tardía. Pues qué, ¿he de dar la mano de Laura, para remediar su honra, a quien tal vez ceda al miedo o a la codicia al casarse con ella? Si ahora la toma por mujer, dará a sospechar que lo hace porque yo he vuelto rico, y sobre todo, porque yo he vuelto a pedirle cuenta de su villanía. Si se allana... si se resigna a ser esposo de Laura, no será porque la ama, sino porque prefiere mi oro a mi acero.

DOÑA IRENE. ¿Y si el desconocido os diese pruebas de que ni codicia vuestro oro ni teme vuestro acero, y de que por amor recibe por mujer legítima a vuestra hermana?

RIVERA. Aun así, no consentiría yo en el casamiento. ¿Y Cuéllar? ¿Y mi promesa? Cuéllar no se dejará arrebatar a Laura sino por Dios. No hay más sino que mi hermana entre en el convento y que yo mate a su amante. Hubiérala él honradamente enamorado y yo cedería, aunque me doliese el faltar a Cuéllar. Pero faltar a Cuéllar y consentir en que un malvado en premio de una traición, jactándose tal vez de que me favorece devolviéndome la honra, me llame su hermano y hiera a mi verdadero hermano de armas en el centro del corazón... eso nunca.

DOÑA IRENE. Sentiré enojaros; pero no es esa mi intención. Disculpen mis canas la franqueza con que os hablo. Se aviene mal vuestra severidad de ahora con vuestro descuido y abandono de hace algunos años.

RIVERA. No me enojo con vos. Si vuestras palabras son crueles, también son justas. No acierto a disculparme. Es verdad. Yo era un mozo sin freno, dechado de liviandades, entregado en cuerpo y alma a Satanás. No sabía de honra ni de virtud. Estaba ciego. Dejé a Laura, sin reflexionarlo, en poder de una mujer cuya viciosa condición no ignoraba. Pero ¿disculpa esto al hombre que la perdió? ¿Tiene perdón por esto el hombre que le ha dado el tormento de verse abandonada, dehonrada y humillada, durante tres años? Pues qué, ¿pensáis que yo no amo a mi hermana? La amo; y porque la amo he querido casarla con Cuéllar, que hubiera sido un noble marido; y porque la amo quiero vengarla del que ha sido su verdugo y no desposarla con él. ¿Creéis que ese hombre, casándose ahora, transmutará en alegría juvenil y en risueñas e inocentes esperanzas, volviéndolas al puro manantial de que salieron, las lágrimas de vergüenza y de remordimiento que ha hecho verter durante tres años mortales a mi hermana? ¿Hará con su tardío y forzado amor que florezcan de nuevo las rosas sobre la palidez de sus marchitas mejillas? ¿Refrescará el ardor de sus ojos, fatigados por el insomnio? Además, es imposible que mi hermana vuelva a amar a ese hombre, si es que le amó; si es que no fue víctima de algún filtro, de algún bebedizo impuro, de alguna hechicería nefanda. Me hierve la sangre en pensar que pudiera yo bajarme a llamar hermano a quien ha atormentado a mi hermana... a quien nos ha despreciado y humillado. Y si es un vil... y si es un cobarde... (y ha de serlo sin duda... si el corazón me lo dice...) ¿por qué queréis que le premie? Para mi hermana será mayor deshonra casarse con él que no casarse. No puede ser de Cuéllar... pues bien... que entre

en religión... pero repito que antes es menester que yo conozca a quien me ha agraviado, y es menester que muera.

DOÑA IRENE. Tenía yo cierta esperanza de poder deciros quién es el hombre que tanto enojo os da; mas, al ver que no refrenáis el enojo, pierdo la esperanza... y hasta el deseo. Le desecho como un mal pecado. ¿Procedería yo como católica cristiana en designar a un hombre para dar ocasión a un duelo, a un homicidio?

RIVERA. ¡Ah, señora! Averiguad quién es: decídmelo.

DOÑA IRENE. Hoy menos que nunca.

RIVERA. Basta, pues. Llamad a mi hermana para que se venga conmigo.

DOÑA IRENE. No la atormentéis; dejadla a mi lado.

RIVERA. Decid a mi hermana que venga. (Gritando.) ¡Laura! ¡Laura!

DOÑA IRENE. Dejadla en paz. La he cobrado amor. Concededme un breve plazo. Quédese aquí hasta mañana.

RIVERA. ¿Y por qué aguardar hasta mañana?

DOÑA IRENE. Porque mi esperanza de deciros el nombre del seductor puede realizarse en ese breve plazo. ¡Ah, Rivera! Vos sois bueno de condición... no seáis empedernido. Si os dijese yo quién es; si fuese digno, a pesar de su falta; si tuviese, además, razones que le justificasen o le excusasen... espero de vuestra bondad que le perdonaréis.

RIVERA. Os dejo a mi hermana sólo por un día. Veremos si algo me reveláis; pero no aguardéis mi perdón para el seductor. Adiós, señora.

DOÑA IRENE. El cielo os guarde. (Vase RIVERA.)

Escena IV

DOÑA IRENE, EL PADRE ANTONIO.

DOÑA IRENE. (Dando rienda suelta a una emoción comprimida hasta entonces.) ¡Padre! ¡Padre Antonio!

EL PADRE. Aquí me tenéis. DOÑA IRENE. ¿Dónde queda Laura?

EL PADRE. Queda con Juanilla.

DOÑA IRENE. (Cierra la puerta del estrado.) Bien está. Os tengo que hablar a solas. No quiero que nadie nos escuche. No quiero que nadie nos interrumpa. Siento un peso que me aprieta el corazón. Por mi soberbia desmedida... por mi orgullo... he pecado. Padre... he pecado, y hoy me arrepiento cuando quizá sea estéril el arrepentimiento, cuando quizá nada pueda remediarse. Oídme. Yo debí revelároslo antes. Perdonadme, aconsejadme, si aún es tiempo.

(DOÑA IRENE hace demostración de querer arrodillarse delante del PADRE; le toma la mano y se la besa.)

EL PADRE. ¿Qué hacéis, señora? ¿Qué agitación es la vuestra? Sosegaos, y hablad con serenidad.

(Lleva a DOÑA IRENE a un sillón y hace que se siente, sentándose luego a su lado.)

DOÑA IRENE. ¿Sabéis quién es el seductor de Laura? Yo lo sé y lo he callado. Yo lo sé y no os lo he dicho. Es mi hijo.

EL PADRE. ¿Habláis verdad, señora? ¿No es efecto de una

alucinación lo que decís? ¿Vuestro hijo no anda errante, proscrito, hace muchos años?

DOÑA IRENE. Es cierto. Allá en su temprana mocedad fue uno de los más ardientes comuneros. Peleó como valeroso soldado, cuando apenas le apuntaba el bozo, en la toma de Torrelobatón, y en mil encuentros y escaramuzas; se halló en Villalar, donde se salvó por milagro; y apenas reposado de aquella infeliz jornada, acudió a la frontera a defender a España de la invasión francesa. En Pamplona fue amigo y compañero de armas de un hombre extraordinario, el cual, herido al lado de mi hijo, empieza a dar a la cristiandad, y le dará aún, Dios mediante, muchos días de gloria, convertido de héroe en santo.

EL PADRE. El ilustre Ignacio de Loyola, fundador de la Compañía de Jesús. ¿Y cómo vuestro hijo no se acogió a indulto, después de combatir por su Rey y por su patria en Navarra?

DOÑA IRENE. Mi hijo es inflexible en sus ideas y soberbio además. Por otra parte, siempre ha sido propenso a apasionarse profundamente, y entonces más, porque era muy mozo. En tenía diez y ocho años. Supo en Navarra que la viuda de Juan de Padilla seguía defendiéndose en Toledo, y acudió a Toledo a ofrecerle su espada. Al lado de aquella denodada mujer estuvo hasta lo último, y con ella se refugió en Portugal. Mi hijo no pudo después acogerse al perdón general que dio el César. Su Majestad le honró poniéndole en el número de los exceptuados. Desde entonces anda errante por tierras extrañas.

EL PADRE. ¿Ha osado, con todo, venir hasta aquí?

DOÑA IRENE. Ha osado, exponiéndose a morir de una sangría suelta, en duro e inmundo calabozo, como el conde de Salvatierra. Sí, Padre, mi hijo Don Fernando ha estado dos veces aquí. La segunda vez vio a Laura, y se prendó de ella con la vehemencia propia de su condición. El desamparo en que vivía la gallarda moza, su pobreza y la mala compañía de Doña Brianda dieron ser y aliento a los propósitos livianos de mi hijo. Merced a Doña Brianda, pronto se le lograron. Pero, ¡caso singular!, lo que antes de logrado sólo excitaba en él un sentimiento ruin, despertó después sentimientos generosos. Movido Don Fernando a compasión, realmente enamorado del candor, de la sencillez y hasta del afecto de Laura, quiso consagrar su amor y legitimarle. Entonces me lo reveló todo. Y éste es mi pecado, Padre; éste es mi pecado, de que tarde me arrepiento. Yo tomé la noble resolución de mi hijo por rapto de locura. Yo supuse que su amada era una vil aventurera. Yo le representé, mil y mil veces, que hasta el pensamiento momentáneo de enlazar su ilustre casa con la de aquella mujer dándole su nombre, era un oprobio para nosotros. Don Fernando no desistió, sin embargo: aplazó su resolución. Le pedí tiempo, un largo plazo de prueba, y tuvo que otorgármele. Llegaron en esto varios avisos temerosos de que se sospechaba la presencia de mi hijo en Castilla, y de que le podían prender. No tuvo más recurso que irse precipitadamente. Yo le prometí observar si Laura era tal como él la había soñado, o como yo la suponía. En esta prueba, en este estudio he estado años con rudo sigilo y con frialdad cruelísima. Os lo confieso: he tenido el mal deseo de que mi suposición hubiese salido cierta; pero Don Fernando había adivinado: no le había cegado la pasión: Laura es un ángel. El orgullo de mi heredada nobleza se abate, aunque tarde, y reconoce la razón.

EL PADRE. Habéis participado a vuestro hijo el buen concepto que al fin tenéis de su infeliz amiga.

DOÑA IRENE. Sí, Padre.

EL PADRE. ¿Y él la ama aún?

DOÑA IRENE. La ama.

EL PADRE. ¿Ninguna otra pasión ha borrado la impresión de la primera?

DOÑA IRENE. Ninguna. No conocéis a mi hijo y su extraña pertinacia.

EL PADRE. Es cierto. Sólo hace seis años que estoy aquí, y cuando vuestro hijo ha estado de oculto, hasta de mí le habéis recatado.

DOÑA IRENE. Dígoos, pues, que mi hijo no ha tenido, desde que vio a Laura, sino otro amor, del que triunfó por amor de ella. Fue este amor dos años ha. Viendo que su antiguo amigo Ignacio de Loyola fundaba una Compañía para combatir la pravedad herética, bajo la bandera de Jesús, quiso alistarse en ella. El amor de Laura le retuvo. No ha escrito a Laura, porque la más dura condición exigida por mí para mi severa prueba, era que no le escribiese. A mí me ha escrito, y yo le he escrito siempre que hemos hallado conducto seguro. Por sus cartas conozco esa faz de su vida. Pensando en que Laura entrase en

religión, anheló él seguir a Ignacio. La rebeldía de ese malvado fraile sajón, Martín Lutero, llenaba a Don Fernando de presentimientos sombríos. Temía que, por una serie de fatales circunstancias, pasase a los pueblos del Septentrión el predominio del mundo; que   Dios tal vez lo permitiría para castigo de nuestros pecados; y, a fin de contribuir a evitarlo, soñaba en consagrar su vida a la ciencia, a la predicación y a la virtud más rígida. El recuerdo de Laura no le dejó seguir por esta pendiente.

EL PADRE. ¿Y cómo es que vuestro hijo no ha procurado jamás volver a la gracia y al servicio del César?

DOÑA IRENE. Mi hijo es zahareño hasta no poder más. Su esquivez no tiene ejemplo. Él condena casi todas las empresas y guerras del Emperador. No ve en ellas designio razonable, ni plan, ni concierto. Imagina que sólo conducen a que se arruine, se empobrezca y se despueble Castilla. Sin embargo, su generosa sangre y su amor a la tierra donde ha nacido le llevaron ya en dos ocasiones a pelear bajo las enseñas de Carlos V. Una vez en la Goleta y en Túnez, a donde acudió como capitán de estradiotes, con gente que allegó en Calabria, entre los descendientes de aquellos bravos albaneses y epirotas, que se refugiaron allí cuando murió su glorioso Príncipe Scanderbeg. Mandados por mi hijo, se creían mandados por Jorge Castrioto, y pelearon contra Barbaroja, como sus heroicos antepasados contra el sultán Amurates. La segunda vez fue en la expedición a Argel. Allí ha estado mi hijo, sin dar tampoco su nombre. Después de grandes desastres, el Emperador   decidió abandonar la empresa. Hernán Cortés, famoso por haber conquistado todo el reino de Nueva España, pedía que le dejasen allí, prometiendo tomar a Argel; mi hijo, que estaba con él, le hubiera seguido; pero ni el César, ni los de su consejo, quisieron poner al Marqués del Valle en ocasión de tanto peligro y tal vez de tanta gloria.

EL PADRE. ¿Y qué es ahora de vuestro hijo?

DOÑA IRENE. Cansado de su vida aventurera, domado su carácter por el infortunio, ansioso de paz y retiro, ha venido a Valladolid, donde estaba desde hace quince días negociando su perdón. Llegaron aquí Cuéllar y Rivera, supe el propósito que traían del casamiento de Laura, y avisé al punto a mi hijo. Por su contestación y por noticias posteriores, sé que mi hijo debe llegar de un instante a otro.

EL PADRE. ¿Todavía como proscrito?

DOÑA IRENE. Todavía. Así es que viene con sigilo y extraordinarias precauciones, aquí donde le conocen todos. Ya estará en la quinta que tengo a un tiro de arcabuz de esta población. Desde allí vendrá a pie; entrará por la puerta falsa que da al campo. Le espero con impaciencia. Él tiene llave de la puerta, y sin que nadie le abra llegará a mis brazos dentro de poco, si Dios misericordioso lo permite.

EL PADRE. Comprendo vuestra agitación. Dios tendrá piedad y os proporcionará esa ventura.

DOÑA IRENE. ¡Ay, Padre! ¡Cuán acibarada va a ser! El amor de Laura se ha convertido en terror y en repugnancia hacia mi hijo. Mi hijo hallará, en cambio del amor que desea, a dos hombres ofendidos que han de procurar su muerte.

EL PADRE. No temáis. No será nada de eso. No consentiremos que nadie se mate. Y en cuanto al terror y repugnancia, creedme, yo llevo muchos años de confesonario y conozco la condición humana. No me ciega el amor propio de confesor. La repugnancia y el terror que yo he inspirado a Laura, para inducirla a que entre en religión, se desvanecerán no bien vea a vuestro hijo; se convertirán, a pesar suyo, nuevamente en amor. Por esto repugna, por esto se aterra; porque presiente su debilidad ante el hombre de quien se juzga olvidada. Apenas le vuelva a ver, apenas reconozca que él no la olvida, caerá en sus brazos, cediendo a una atracción irresistible. Lo que importa ahora es legitimar, purificar, santificar este vínculo de amor. ¿Consentís en ello?

DOÑA IRENE. Sí, Padre. Veo que Dios lo quiere.

EL PADRE. Dios os ha inspirado que retengáis a Laura en vuestra casa. Es menester que no salga de aquí sino esposa de D. Fernando. Ya amansaremos después la cólera de Rivera y de Cuéllar.

DOÑA IRENE. (Aplicando el oído hacia un lado del foro, donde habrá una puerta.) Siento ruido de pasos. Bien me lo decía mi corazón. Él es. Ya llega. ¡Jesús mío, dadme fuerzas para no morir de alegría!

Escena V

DON FERNANDO, dichos.

Aparece DON FERNANDO por la puerta lateral; viene embozado y al entrar se desemboza. DOÑA IRENE corre hacia él y le abraza.

DOÑA IRENE. ¡Hijo de mis entrañas! DON FERNANDO. Madre querida. DOÑA IRENE. (Señalando al PADRE.) El Padre Antonio, mi más íntimo amigo.

DON FERNANDO. (Se acerca al PADRE y le besa la mano.) Sé cuánto os debo. Vos habéis santificado lo que yo profané. Vuestra virtud y santidad han realzado lo que mis vicios y mi orgullo humillaron y postraron. ¡Dios os lo premie, Padre mío!

DOÑA IRENE. ¿Te ha visto alguien?

DON FERNANDO. Pérez sólo sabe mi llegada. No temáis, madre. Además, espero mi perdón de un momento a otro. ¡He pedido perdón al César, como si fuera yo delincuente!

EL PADRE. El César, hijo mío, es tu Rey y señor natural.

DON FERNANDO. Así será, Padre; pero yo no delinquí defendiendo las libertades de Castilla. Nunca fui contra el poder legítimo. Nunca quise hacer de las ciudades de mi patria señorías independientes como las de las ciudades italianas. Aún persisto en creer en la justicia y razón de lo que entonces hice, y, sin embargo, pido perdón a quien ha dado muerte a los amigos que yo seguí: a Padilla, a Bravo, al obispo Acuña y a tantos otros. Abatido estoy cuando lo hago, y razones poderosas me llevan a hacerlo; pero me duele la humillación. Por eso pido a Dios que acepte dicha humillación en descuento de mis culpas. ¿Y Laura? A Laura sí que debo pedir perdón. ¡Cuán cruel he sido!

EL PADRE. Pronto la verás, y espero que has de lograr que te perdone. Os dejo. Voy a ver de nuevo a Rivera, a aquietarle y a evitar que haga algún acto de violencia con Doña Brianda. Nada le descubriré; pero le daré esperanza de que vos, Doña Irene, habéis de descubrírselo todo en el día de mañana. Entre tanto, importa precipitar las cosas a fin de que lleguen a un término contra el cual Rivera no pueda rebelarse y tenga al fin que someterse. Adiós. Pronto volveré. (Vase.)

Escena VI

DOÑA IRENE, DON FERNANDO.

DOÑA IRENE. El deber y la religión han triunfado de mi orgullo. Lo reconozco. Aunque no la ames, deberías una reparación a Laura. Es mujer digna de ti. Pura y limpia como el oro ha salido del ardiente crisol en que mi suspicacia la ha tenido.

DON FERNANDO. ¡Ah, señora! Temo que el fuego de penitencia, en que habéis abrasado su alma, haya evaporado el amor que allí se guardaba para mí; que mi abandono y que mi olvido aparente me hayan hecho aborrecible a sus ojos.

DOÑA IRENE. No lo permita el cielo si de eso depende tu dicha.

DON FERNANDO. De eso depende. Mi amor ha crecido con la ausencia; con las pruebas que por cartas me habéis transmitido de su virtud y de su infortunio. ¿Cuándo podré ver a Laura, madre? ¿Cuándo podré verla?

DOÑA IRENE. En el instante. Laura se abriga bajo este mismo techo desde hace poco. Vendrá en cuanto la llame. (DOÑA IRENE se asoma a la puerta y llama.) ¡Laura! ¡Laura!

DON FERNANDO. ¿No os burláis de mí? ¿Va a acudir a vuestra voz?

DOÑA IRENE. Sí; va a acudir. Ya viene. Es menester que la veas y hables a solas. Yo me retiro.

(Vase DOÑA IRENE con precipitación por una puerta lateral.)

Escena VII

LAURA, DON FERNANDO.

LAURA. (Entrando rápidamente y sin reparar en DON FERNANDO.) ¿Qué mandáis, señora?

DON FERNANDO. ¡Cuán bella está!

LAURA. (Advirtiendo la presencia de DON FERNANDO.) ¡Jesús me valga! ¿No es ilusión de mis sentidos? ¿No es el infierno que desea engañarme otra vez? ¿Ha tomado cuerpo algún ensueño impuro de mi fantasía? ¡Salvadme, Virgen Santísima! (LAURA quiere huir. DON FERNANDO la detiene, asiéndola de la mano.)f

DON FERNANDO. No soy sombra vana, Laura. Soy tu

amigo, tu duro perseguidor. Vuelvo arrepentido a tus pies. ¡Perdóname! No lo merezco; pero tú eres buena... tú eres santa... ¡Perdóname! (Cae de rodillas a los pies de LAURA.)

LAURA. ¿Qué hacéis? Alzaos. Yo no tengo poder ni autoridad para perdonar a nadie. Mis culpas son gravísimas. Yo también necesito perdón. Dejadme. No distraigáis mi alma del camino de la penitencia que sigue hace tiempo.

DON FERNANDO. Harto seguiste ya, Laura mía, ese áspero camino. Justo es que se trueque en felicidad tu congoja. Yo te amo. Perdóname. Ámame. Así serás mía y seré tuyo para siempre.

LAURA. Deliráis, señor. ¿Venís a conturbar mi espíritu con tardías ilusiones? Yo no puedo ser ya sino de Dios. Huid. Que no sepan que estáis aquí. No hay ya reparación posible. Mi hermano os matará; y si él muere a vuestras manos, os matará Cuéllar.

DON FERNANDO. Tu hermano me perdonará no bien tú me perdones. Ámame; perdóname, y no temas.

LAURA. Vuestro abandono, vuestro olvido hubieran trocado mi amor en odio, si el odio pudiera albergarse en un corazón cristiano. Cuando estabais lejos de mí, temblaba yo de odiaros, porque mi odio era falta de caridad, hoy tiemblo de no odiaros, hoy quisiera odiaros, porque, sin la defensa del odio, temo volver al amor. Tened compasión de mí. Dejadme. Ya me he dado a Dios. No me robéis a Dios con mano sacrílega.

DON FERNANDO. Laura mía; sí, tú me amas, a pesar de mis maldades. No me lo ocultes. No trates de sofocar por más tiempo una pasión que se purificará ante el altar de Dios vivo.

LAURA. ¿Qué os he hecho para que así os burléis de esta

mujer desgraciada? Mi resignación era grande; mi resolución firme; mi vocación me parecía completa. ¿Por qué venís a destruir todo esto? ¿Por qué derribar de un soplo el edificio levantado trabajosa y lentamente? ¿Por qué romper con el conjuro de una palabra mágica el simulacro de bienandanza que de mi dolor ha nacido? Con el riego de mis lágrimas han brotado, como ramo de flores, las esperanzas celestiales, que deben perfumar con su aroma mi religioso retiro. No arranquéis esas flores de mi lastimado pecho.

DON FERNANDO. Lo que yo quiero, dueño mío, es que tus celestiales esperanzas se logren ya en la tierra, y se lograrán si me amas. Ya no me apartaré nunca de tu lado. Ámame.

LAURA. Eres cruel. Me robas la paz del alma. Dios me había recibido por suya y tú me obligas a que le deje. Me fascinas: no acierto a resistirte. La poderosa fuerza con que penetra de nuevo tu amor en todo mi ser, es tal vez para mi perdición; pero es inútil luchar contra ti. Los ángeles me abandonan. Te amo.

DON FERNANDO. (Abrazando a LAURA.) ¡Encanto mío!

DOÑA IRENE. (Entrando y estrechando a LAURA y a DON FERNANDO.) ¡Hijos! El cielo os bendiga.

Cuarto de una posada. Es de noche.

Escena I

CUÉLLAR, GARCÉS.

JORNADA III

CUÉLLAR. ¡Haberme burlado de esta suerte! No debo sufrirlo. Me vengaré. Francisco de Cuéllar no ha de ser el juguete de una muchacha embustera y de un amigo débil o desleal. ¿Hiciste el concierto con el escudero?

GARCÉS. Le hice. Le di, como señal, todo el oro que me entregaste. Si cumple bien lo que ha prometido, le he asegurado que tendrá diez veces más. Podrá irse donde guste y vivir a lo Príncipe. Su codicia nos responde de él. No nos faltará. Esta noche D. Fernando

saldrá a las diez de su casa de campo, a fin de estar al rayar el alba en el castillo del Conde, donde le aguardan para una gran montería. Todos sus criados van con él, menos el escudero. D. Fernando quiere llevar séquito y lucirse.

CUÉLLAR. Se lucirá. Ya se está luciendo. Hoy, en medio de la plaza, puesto yo en el centro de un corro de hidalgos, me he desatado en injurias y en amenazas contra él y contra su mujer. D. Fernando y Laura han de conocer quien yo soy. Nadie sospecha, con todo, que mi venganza va a ser   tan pronta. Nadie calcula qué medios voy a emplear. ¿Buscaste ya a los cuatro hombres determinados y de toda tu confianza?

GARCÉS. Cuento ya con ellos.

CUÉLLAR. A las diez estaréis todos, con caballos, aguardándome a unos treinta pasos de las tapias del lugar, en la cruz del egido. Conviene que no me vean salir con gente. Allí nos reuniremos. Vete ahora.

(Vase GARCÉS. CUÉLLAR pasea por el cuarto con alguna agitación.)

CUÉLLAR. (Solo.) Rivera retarda el darme una explicación satisfactoria de su singular conducta. Con promesas y dilaciones me entretiene tres días ha: desde que volví de Sevilla. Veremos si cumple al cabo y viene esta noche, como me prometió.

(Vuelve a entrar GARCÉS.) GARCÉS. ¡Señor! Una dama

desea verte. CUÉLLAR. ¿Quién es? GARCÉS. Se tapa con el manto y no he podido conocerla. CUÉLLAR. No importa. Dile que entre.

Escena II

CUÉLLAR, DOÑA BRIANDA, tapada. DOÑA BRIANDA. Guárdeos Dios, Cuéllar.

CUÉLLAR. ¿No os descubrís, señora? Hablad. ¿En qué puedo serviros? ¿Qué pretendéis?

DOÑA BRIANDA. Venganza. Y no la pretendería de vos, si no estuvieseis tan agraviado como yo de la persona que me agravia.

CUÉLLAR. ¿Quién es esa persona? DOÑA BRIANDA. Bartolomé de Rivera. CUÉLLAR. Y vos ¿quién sois? DOÑA BRIANDA. (Se descubre.) Miradme. CUÉLLAR. ¡Su tía!

DOÑA BRIANDA. Su tía, y, por mi desgracia, su enamorada también, desde que andaba desvalido y menesteroso. Hoy, que ha vuelto rico y colmado de honores, me desdeña: dice que se avergüenza de mí; no sale de su boca, cuando a mí se dirige, palabra alguna con que no me afrente. Me pisotea el corazón, como quien pisa una víbora; no os pasméis de que me revuelva furiosa contra él. Rivera no cuidó, ni pensó siquiera en el honor de su casa y de su familia, ni en la virtud, hasta que ha vuelto de Indias con dinero. Os ha estado engañando como a mí me engañaba. La culpa del desaire ridículo de que ahora sois víctima, la tiene Rivera. Os hablaba de su hermana, excitándoos a que la amaseis, y halagándoos con que la guardaba para vos en

Castilla, y con que la criaba con el recogimiento más severo, cuando me la había dejado confiada. Yo estoy en la última desesperación, y de nada me atemorizo. No hay ya confesión horrible que traiga rubor a mi rostro. Dejara su hermana en mi poder, Rivera lo sabía, era como dejar al cordero en poder del lobo... y del lobo hambriento. Rivera, antes de irse, había acabado de despojarme de cuanto yo tenía. ¿Comprendéis ahora su doblez y su infamia? Es además un cobarde. Más valía que me matase de una vez por mi pecado, y no que de continuo me martirizase, como lo está haciendo. Yo no hice más sino lo que de mí debió él prever. Pero Rivera es duro con los débiles, y con los fuertes es débil. A mí no me perdona, y perdona a D. Fernando, que abandonó y despreció a Laura, que durante tres años la ha tenido humillada, y que aun ahora se hubiera resistido a tomarla por mujer, si Rivera hubiese vuelto de Indias tan miserable y tan obscuro como se fue. D. Fernando no hubiera consentido en llamar hermano al mozo sin nombre, tablajero indigno, mantenido por mujeres. Consintió en llamar hermano a uno de los ilustres conquistadores del opulento imperio de los Incas.

CUÉLLAR. No debiera sorprenderme lo que me referís, y me sorprende, sin embargo. La ligereza de Rivera en dejar en vuestro poder a su hermana, sabiendo quién sois vos; el disimulo con que me ocultó siempre las relaciones que con vos tenía; la jactancia con que me hacía creer que eran bienes suyos aquellos de que os había despojado, todo esto es vil; pero yo se lo perdonaría todo si no hubiese incurrido en mayor vileza y flaqueza: la de dar nombre de hermano, estrechar la diestra y perdonar, y tal vez hasta agradecer su longanimidad, al que casó con Laura después de haberla despreciado y martirizado por tanto tiempo. Si D. Fernando hubiese vuelto arrepentido, Dios, la que fue presa de su seducción, todo cuanto hay en la tierra y en el cielo podía haberle perdonado, menos Bartolomé de Rivera. Bartolomé de Rivera no cumplía como bueno, sino matándole.

DOÑA BRIANDA. Matarle... Vaya... no es tan fácil matar a D. Fernando. A mí me matará Rivera a desdenes y a injurias..., pero a él..., ¿y para qué? Más cómodo es convertirle en pariente. Emparentado Rivera con tan egregio caballero, te despreciará a ti, Cuéllar, como me desprecia a mí. Si se avergüenza de sí mismo, en lo pasado, ¿cómo no ha de avergonzarse de los otros? ¿Qué apostamos a que no te declara la verdad? ¿A que no te dice por qué ha consentido en la boda de Laura? ¿A que no te confiesa con humildad su agravio y la tardía reparación que tan ruinmente acepta?

CUÉLLAR. Lo creo: nada de eso me confesará. Querrá engañarme de nuevo.

DOÑA BRIANDA. Pues bien; para que no te engañe he venido yo a abrirte los ojos. ¿Has amado a Laura?

CUÉLLAR. La amo todavía, y la odio.

DOÑA BRIANDA. Mátame entonces; pero véngame de Rivera. Mátame; merezco la muerte. Estoy harta de vivir.

CUÉLLAR. Déjame en paz. Huye. Yo no satisfago mi enojo en flacas mujeres, por culpadas que sean.

(Entra GARCÉS, y DOÑA BRIANDA se tapa con el manto.)

GARCÉS. Rivera viene a verte.

CUÉLLAR. Que venga. (Se va GARCÉS.)

DOÑA BRIANDA. No quiero que me halle aquí.

CUÉLLAR. Por esa puerta te pondrás al punto en la calle sin que te vea.

(Vase DOÑA BRIANDA por una puerta lateral. Un instante

después entra RIVERA por la puerta del fondo.)

Escena III

RIVERA, CUÉLLAR.

CUÉLLAR. ¿Te decides, al cabo, a darme la explicación satisfactoria? ¿Podrás dármela con verdad?

RIVERA. Quiero y puedo dártela. CUÉLLAR. ¿Por qué me impulsaste a ir a Sevilla?

RIVERA. Porque tenía sospechas que tocaban a mi honra, y ansiaba ponerlas en claro sin que nadie más que yo entendiese en ello.

CUÉLLAR. Y las pusiste en claro y supiste que tu honra estaba mancillada.

RIVERA. No, Cuéllar. Supe al mismo tiempo la reparación y el agravio, si es que agravio hubo. D. Fernando, aunque desposado con Laura, tuvo que huir de nuevo a lejanas tierras; hoy, perdonado ya por el César, es esposo de Laura a la faz del mundo.

CUÉLLAR. ¿Ves cómo me quieres engañar? Es inútil. Lo sé todo. D. Fernando ni se desposó ni prometió nada a Laura. La abandonó con desprecio. Tan distante estaba Laura de creerse amada, que me aseguró que no amaba a nadie. Afrentada y culpada, iba a entrar en un convento. Por dicha había en su alma cierta honradez, de que otras almas son incapaces, y no consintió, callando, en casarse conmigo.

RIVERA. ¿De dónde infieres todo eso? ¿Quién te ha informado tan mal?

CUÉLLAR. Tu cómplice. Te repito que lo sé todo. ¿Pretendes acaso que se manche mi lengua contando tus delitos? Pero más que tu villanía en dejar a Laura en poder de una mujer como Doña Brianda; más que tu falta de aprensión en despojarla antes de todos sus recursos, más me indigna tu carencia total... de entereza, tu ejemplar mansedumbre en perdonar el desprecio, el martirio de años, el abandono en que tu hermana ha gemido.

RIVERA. Por el Dios que está en el cielo, Cuéllar, no te obstines en apurar mi paciencia. Ya que lo sabes todo, ya que esa maldita hembra me ha vendido, me someto a tu furia; la merezco por mi imprevisión; no la merezco por haber cedido ahora.

CUÉLLAR. Más la mereces por eso que por nada. La reparación se la debes a tu fortuna, a tus triunfos en Indias. Hubieras vuelto obscuro y pobre y no hubiera sido desagraviada tu hermana. Bien es verdad que tú, pobre y obscuro, no te hubieras preocupado con semejantes niñerías. En ti la honra tiene algo de artificial y de sobrepuesto al dinero.

RIVERA. Aquí, donde nadie te oye, quiero sufrírtelo todo. Te ciega y enloquece la pasión; mas no he de reñir con mi compañero de armas. Respeto tu ira, por más áspero que seas en el reprender, y por más violento que te muestres en el zaherir.

CUÉLLAR. ¡Qué manso y qué sufrido te has vuelto en estos últimos días! Ya que no sientes el prurito de vengarte, me dejarás en libertad para que te vengue y me vengue. Yo no soy ni sufrido ni manso. Todavía amo a tu hermana. No atino a aguantar el desaire. Tú, que tanto has sabido sufrir de un desconocido como D. Fernando, más sufrirás de mí, que soy tu compañero de armas.   Esta noche misma voy a robar a Laura. Amígareme con ella. Luego mataré a D. Fernando. Tal vez, por último, me case con la honrada viuda. Tú lo llevarás todo con paciencia y me darás una absolución tan generosa como la que a D. Fernando has dado.

RIVERA. Te he oído con calma impasible, porque veo que no vale mi prudencia ni mi paciencia. Estás demente, frenético. Anhelas reñir y prefiero que riñas conmigo. O desistes de todo plan de ofender a mi hermana, o atajará tus pasos mi acero.

CUÉLLAR. Por cima de ti y de tu acero, he de ir a donde me llevan mi amor, mi deseo y mi encono. Mataré a D. Fernando. Laura será mi daifa.

RIVERA. Voto al infierno que no será. Sal a la calle.

CUÉLLAR. Detrás de los muros del convento.

RIVERA. Vamos.

CUÉLLAR. Luego que te mate, iré donde me aguardan a pocos pasos los que han de secundar mi propósito.

RIVERA. Tu propósito es morir y vas a lograrle. (V anse.)

Escena IV

Sala en la quinta de DON FERNANDO. Armas y trofeos de caza. Algunos retratos. Los muebles entre rústicos y señoriles. Dos puertas laterales y una al fondo.

DON FERNANDO, PÉREZ el escudero.

DON FERNANDO. A fe mía que me duele en el alma la resolución que tengo que adoptar, pero no hay más remedio. El tal indiano está delirante. La soberbia le embriaga. Es brutal y zafio, y no hay modo de poner freno a su lengua, ni coto ni límite a sus pretensiones audaces. En la plaza, a gritos, ha dicho que ha de matarme, que ha de robarme la mujer, y hasta que ha de hacerse amar de ella en cuanto le hable a solas. Buena maña te has dado, amigo Pérez, para inspirar confianza completa a ese bandido. En cuanto llegue, introdúcele hasta aquí, y déjale que vea a la señora, si ella no se ha retirado a su estancia. A Juanilla detenla con habilidad. ¿Cuántos son los rufianes que acompañan a Cuéllar?

PÉREZ. Cinco.

DON FERNANDO. Me alegro de que sean tan pocos. No quiero que haya escándalo, ni lucha, ni sangre. Distráelos tú, y haz de suerte que los míos caigan de improviso sobre ellos, los aten de pies y manos, y los tengan en el patio. Si chillan, ponedles con suavidad sendas mordazas.

PÉREZ. Se hará como lo decís, mi amo.

DON FERNANDO. Yo voy a salir metiendo mucho ruido; haciendo resonar las trompas de caza. A la vuelta del cerro, en el encinar, nos pararemos. Allí quedarán los perros y los caballos. Mi gente y yo volveremos a pie, con silencio grandísimo, y por la puerta del corral, de que llevo la llave, entraremos sin ser sentidos.

PÉREZ. Cuéllar, que debe llegar pronto, porque se acerca la hora, te verá partir con toda la gente. Esta noche hace una luna muy clara. Como, no bien te vayas, he de hacerle entrar, no podrá ver tu vuelta, ni recelará lo más mínimo.

DON FERNANDO. Todo está preparado con primor y esmero. Sólo me aflige el susto que Laura va a pasar; pero es menester acabar de una vez. Después viviremos como pastores de Arcadia.

PÉREZ. ¿No tienes nada más que mandarme?

DON FERNANDO. Nada. ¡Ah, sí! El dinero que Cuéllar te ha dado, repártelo entre los cinco rufianes cuando todo esté terminado. Quiero que me queden agradecidos. Yo te daré el doble.

PÉREZ. Bien está, señor. (Vase PÉREZ.)

Escena V

DON FERNANDO, LAURA.

LAURA. ¡Fernando mío! ¿Te vas y me dejas? No puedes figurarte lo que esto me apesadumbra. Mal haya el Conde con su importuno convite. Si vieras qué miedo tengo de quedarme sola. A tu lado soy valiente; a tu lado nada me asusta. Lejos de ti soy tímida como niña de pocos años.

DON FERNANDO. No receles nada. Aunque yo me vaya, mi espíritu queda contigo, velando por tu bien. Ya comprendes que no debo desairar al Conde. Dentro de cuatro días estaré de vuelta.

(Se oyen fuera las trompas de caza que dan la señal de la partida.) LAURA. ¡Qué pronto! ¿Has adelantado la hora?

DON FERNANDO. No, amor mío. Son ya las diez. No puedo detenerme. LAURA. (Abrazándole.) Adiós. No te rías de mí. Tengo miedo.

DON FERNANDO. ¿Me amas?

LAURA. Con todo mi corazón.

DON FERNANDO. Nada temas entonces. En tu amor se encierra un conjuro poderoso. Con él me evocarás si por acaso sobreviniese algún peligro. Adiós. Quédate: no vengas a despedirme hasta abajo. (DON FERNANDO se va.)

Escena VI

LAURA, sola.

Asomada a un balcón, mira partir a DON FERNANDO y a su elegante comitiva. Suenan otra vez las trompas de caza.

LAURA. Bañado por los rayos de la luna parece más bello y más dulce su rostro varonil, cual si estuviese envuelto en velo luminoso de transparente plata. ¡Cuánto le quiero! ¡Cuánto le he querido siempre, aun cuando imaginaba que iba a odiarle! Ya toma de la brida al brioso alazán: pone el pie en el estribo y monta. ¡Cómo se alegra y ensoberbece el caballo de llevar tan noble jinete! Con impaciencia tasca el freno ansiando pasear a su gentil señor y mostrarle con orgullo por todas partes. Ahora hace piernas y corvetas para mi lisonja y agrado. Adiós, Fernando, adiós. Ya emprende la marcha. Quisiera yo que las sinuosidades del camino y lo quebrado del terreno no le robasen a mi vista. Le seguiría leguas, y se me antoja que por un esfuerzo de voluntad había yo de estar viéndole distintamente, cual si él estuviera cerca de mí. Vuelve la cara para mirarme. Me saluda.

(Agita LAURA el lienzo que tiene en la mano.) Adiós, mi bien, adiós

(Pausa.) Fernando me dobla la edad; pero su alma es más joven que la mía. Toda su persona conserva, además, la lozanía y la gracia de los primeros años, en raro maridaje con la gravedad majestuosa de la edad madura, ¡Dios mío! ¡Qué de priesa van! Ya se acercan a aquella revuelta. Pronto dejaré de verlos. Quiera el cielo que vuelvan cuanto antes. Ya torció Fernando hacia el encinar. Ya se perdió, detrás del cerrillo, cabalgando por la vereda.

(LAURA se retira del balcón, y viene lentamente a sentarse en un sillón de brazos.)

(Nuevo momento de silencio.)

Mi temor es inmotivado, pueril. Cuéllar me decía que no había de sufrir a otro rival sino a Dios; que había de conquistar mi corazón o perecer en la demanda; que había de matar a quien me enamorase; pero éstos eran, sin duda, encarecimientos de pretendiente y bizarrías vanas de soldado jactancioso. Yo le contestaba con sinceridad algo que hoy debe parecerle disimulo, engaño y mentira. Yo le contestaba que yo no amaba a nadie sino a Dios y que deseaba retirarme a un convento. Grande ha de ser su rabia contra mí al saber que estoy casada, a los pocos días de haberle asegurado mi desamor a todo hombre.

Pero yo no le engañé. Tú, Dios mío, Tú, que penetras en el fondo de los corazones, sabes que no le engañé. Yo me engañaba a mí misma. Yo aborrecía el recuerdo de mi pecado, y por eso creía que no amaba a aquél por quien pequé. Volvió a presentarse ante mis ojos: vi de nuevo a Fernando, y el amor, escondido en lo más íntimo de mi ser, donde ni yo misma le columbraba, brotó con ímpetu, surgió de repente más poderoso que nunca. Cuéllar tendrá que resignarse. Dicen que es tremendo; pero respetará a mi marido. No es igual tratar con indios punto menos que inermes, con hombres sencillos y de casta tan inferior a la nuestra, que competir con quien en todo se le aventaja. Sin embargo, yo he mentido sin querer. Yo he prometido a Cuéllar ser de él si no era de Dios. Sí, casi se lo he prometido sin saber lo que decía. (Larga pausa.) ¡Ay! ¡Qué horror! ¡Qué espantosa idea se ofrece a mi espíritu! ¿Y si Cuéllar fuese tan audaz como aseguran? ¿Y si acudiese a exigirme el cumplimiento de la promesa? Tengo miedo. Estoy temblando como una azogada. ¡Socorro! ¡Valedme, Virgen Santa! ¡Qué soledad! Me parece que oigo un extraño rumor. ¿Por qué me has dejado, Fernando mío? No voy a dormir esta noche. Llamaré a Juana para que se quede conmigo. ¡Juana! ¡Juana! No me responde. ¡Juana! No viene.

Tengamos valor. Amo a Fernando. En este amor, él me lo ha dicho, se encierra un poderoso conjuro. Evocaré a Fernando a fin de que me dé aliento. ¡Fernando!

Escena VII

CUÉLLAR, LAURA.

CUÉLLAR. (Mostrándose de repente.) Fernando está muy lejos y no te oirá. Aquí me tienes en lugar suyo. ¿No me dijiste que no serías sino mía o de Dios? ¿Por qué me engañaste? Yo te amaba con toda mi alma. Tu falsía debió matar mi amor; pero mi amor sobrevive al desengaño.

LAURA. (Al ver a CUÉLLAR y al oír sus primeras palabras se asusta más, y cae en un sillón, cubriendo su rostro con las manos. Luego se recobra y dice aparte:) ¡Valor, cielos, valor! (A CUÉLLAR.) ¿Cómo os atrevéis a entrar aquí? ¿Qué audacia es la vuestra? Idos o daré voces.

CUÉLLAR. ¿Y quién ha de oírlas que te socorra? Tu marido se llevó a todos los criados.

LAURA. Escuchad, Cuéllar: os lo confieso. El terror se apoderó de mí antes de veros, pensando en una falta involuntaria que contra vos he cometido. Ahora veo que era mi conciencia quien me aterraba con harto sutiles escrúpulos. Vuestra insolente aparición disipa los escrúpulos sutiles. La serenidad y el brío vuelven a mi ánimo. Me mostraré digna de mi noble esposo. Sola como estoy me basto. Idos de aquí. Salid de esta casa. Pronto. No me insultéis. Esta es la morada de un caballero principal de Castilla: no es la choza o el bárbaro palacio de los débiles indios que tan a mansalva solíais ofender.

CUÉLLAR. Ya comprenderás, Laura, que el que se atrevió a

entrar aquí se atreve a todo. Tus injurias ni me hieren ni me lastiman: me enamoran más y me inducen a hacerte mía.

Esas palabras llenas de cólera, que brotan de tus frescos labios, me excitan a que las ahogue a besos. Será delirio, será aviesa condición; pero te amo más mientras más me desdeñas. Necesito vengarte del seductor, ya que no supo vengarte tu hermano. Sígueme. Todo está pronto para el rapto. No pienses que me ocultaré después de tu marido. Ya le buscaré, si él no me busca, y responderé de todo con mi espada. Vamos. Síguenle.

(Agarra CUÉLLAR del brazo a LAURA.) LAURA. ¡Suelta, bandido! ¡Fernando, socórreme! CUÉLLAR. (Riendo.) ¡Socórrela, Fernando!

Escena VIII

Dichos y DON FERNANDO, acompañado de sus criados y pajes, en número de veinte a lo más, con trajes y armas de cazadores y con antorchas. Todos entran con ímpetu y rodean el grupo principal, dejando ancho espacio vacío en el centro. JUANILLA entra enseguida con otras dos mujeres de la servidumbre.

DON FERNANDO. Aquí me tienes, pronto a socorrerla.

CUÉLLAR. (Sorprendido, pero sin aturdirse ni inmutarse.) No sois pocos los que venís en su socorro. Bien urdida traición, pero cobarde. Más de veinte contra uno. ¡Hola, Garcés! ¡Aquí de los míos!

DON FERNANDO. Es inútil que los llames. Los que te acompañaban están maniatados en el patio y con mordazas a fin de que no alboroten. Yo pudiera matarte como quien mata a un ladrón, como quien mata a un perro rabioso, valiéndome para ello de mis criados. Me has ofendido sin razón y en público; me has amenazado de mil modos; has vomitado por esa boca desaforada todo linaje de agravios contra esta bella mujer a quien dices que amas; te has vanagloriado en todas partes de que me la quitarías y de que me matarías, y has venido, por último, a mi casa, espiando la ocasión en que me creías ausente, a fin de robármela y ultrajármela. Pues bien, a pesar de todo, me allano a tratarte como a caballero. Acepto el desafío a que me estás provocando tres días ha. Para que sea más solemne, traigo por testigos a todos los de mi casa. Me obedecen ciegamente y verán inmóviles cómo reñimos. Si me matas, te dejarán franco el paso. Nada receles. No he de pelear con otra ventaja que la que me da la justicia. Si quieres cerciorarte, mira: bajo mi coleto de ante, sólo el delgado cambray cubre y resguarda mi pecho. Saca la espada y clávala en él si puedes. (DON FERNANDO saca la espada. CUÉLLAR hace la misma acción.)

LAURA.   (Acude a interponerse.) ¡Ah! ¡Por piedad! ¡Cese vuestro furor!

CUÉLLAR. No, Laura. El cielo exige que yo te vengue a pesar tuyo. No tardará en morir tu seductor, como ya ha muerto el hermano sin honra que te dejó abandonada. Su sangre humedece aún mi acero.

LAURA. ¡Qué horror! (Cae desmayada en brazos de JUANILLA, y las otras dos mujeres se acercan a cuidarla.)

DON FERNANDO. Defiéndete sin tardanza o te mato, antes que envenenes a cuanto más quiero con esa lengua ponzoñosa. (DON FERNANDO y CUÉLLAR cruzan las espadas.)

Escena IX

Dichos. EL PADRE ANTONIO.

(EL PADRE sale apresurado y se coloca en medio de los dos combatientes, separándolos.)

EL PADRE. Deteneos. Ya basta de sangre. Vengo corriendo a caballo, en medio de la noche, a fin de evitar mayor mal. El indio Cipriano extrañó la salida de Rivera, y receló una desgracia. Le buscó, y a pesar de su instinto prodigioso, llegó tarde donde se hallaba. Oyó sus gemidos y le llevó moribundo a su casa. Antes de morir, Rivera tuvo fuerzas para decirme que Cuéllar había venido aquí a cometer nuevos crímenes. Aquí estoy para impedirlos en el nombre de Dios Todopoderoso. Aplacaos. Que la misma catástrofe que acabo de presenciar sirva para conteneros. La desventurada mujer que excitó a Cuéllar contra Rivera, al verle morir por culpa suya cayó llorando sobre su cadáver. Su amor mundanal por aquel hombre adquirió un grado de violencia diabólicamente sublime. La desesperación de Judas se apoderó de su alma. Corrió a la azotea. Asió una cuerda, atada por un extremo a los hierros de la barandilla; hizo un fuerte lazo corredizo y puso fin a su atropellada existencia. La he visto muerta, aterradora. Aun traigo erizadas de espanto estas canas que cubren mi cabeza. ¡Dios mío! ¡Dios mío! ¡Basta ya de delitos y de muertes!

DON FERNANDO. Padre, es inútil lo que hacéis. Os respeto, os amo; pero tengo que desoír vuestras amonestaciones. Apartaos. Dejad que peleemos. Creedme; este duelo tiene algo de religioso: es el juicio de Dios.

EL PADRE. No blasfemes, hijo. Dios no pronuncia sus fallos por medio de un empleo bárbaro de la fuerza. No combatiréis si antes no me matáis.

(CUÉLLAR y DON FERNANDO cruzan las espadas por segunda vez, y EL PADRE ANTONIO se pone en medio.)

EL PADRE. Mirad, hijos míos: en Roma, aun después del Cristianismo, seguían

combatiendo en el Circo los gladiadores. Un santo monje, llamado Telémaco, quiso acabar con aquella costumbre feroz. El monje Telémaco regó el Circo con su generosa sangre; pero el combate de los gladiadores terminó para siempre. ¿Queréis vosotros, cubriéndoos de perpetuo baldón, proporcionarme, aunque indigno, una gloria y un triunfo semejantes?

CUÉLLAR. Ea, Padre, idos al diablo con vuestras pedanterías. Aquí no queremos proporcionaros nada.

DON FERNANDO. Ya he dicho que os respeto. Después, si vivo, os pediré perdón de rodillas. Ahora ni puedo obedeceros ni puedo consentir que me estorbéis en mi firme e inevitable resolución. (Dirigiéndose a los criados que tiene más cerca.) Asegurad al Padre hasta que terminemos. (Los criados se apoderan del PADRE ANTONIO, que lucha por desasirse, mientras le apartan a un lado.)

EL PADRE. ¿Cómo osáis poner vuestras sacrílegas manos en el ungido del Señor? (DON FERNANDO y CUÉLLAR riñen.) CUÉLLAR. He de vengarme al cabo de tu seducción, origen de tantos males.

DON FERNANDO. Yo no peleo por venganza, sino por necesidad, por seguridad y por justicia. Vénguense de ti, por mi mano, los indios del Perú y el inca Atahualpa. (DON FERNANDO hiere a CUÉLLAR, y éste cae a tierra.)

CUÉLLAR. ¡Ah! (Muere.)

EL PADRE. (De rodillas y alzando al cielo las manos.) ¡Misericordia, Señor, misericordia!